KÖNEMANN

contenido

4
Tortellini con salsa cremosa de champiñones

6
Espirales al pesto de menta y albahaca/ Pajaritas al pesto rojo

8
Tallarines con almejas

10
Ensalada de pasta de espinacas

12
Canelones

14
Pasta primavera

16
Albóndigas italianas

18
Espaguetis a la boloñesa/Fettuccine Alfredo

20
Ravioli de queso de cabra con puré de hinojo

22
Pasta al pomodoro

24
Pasta marinara

26
Lasaña clásica

28
Pasta al azafrán con tomates al horno y habas

30
Ravioli de calabaza con mantequilla de albahaca

32
Pasta con parmesano y gruyère/ Espaguetis a la carbonara

34
Caracolas de ricotta

36
Penne piselli (macarrones con guisantes)

38
Ñoquis a la romana

40
Pasta al azafrán con espinacas y ricotta

42
Pasta de tomate con hinojo y pimientos

44
Lasaña vegetal

46
Pasta de zanahoria con pimiento, guisantes y parmesano

48
Spaghetti alla diavola /Tallarines con salsa de gorgonzola

50
Ziti Amatriciana

52
Ravioli con crema de ajo y romero

54
Ñoquis parisinos

56
Tallarines de hierbas con champiñones y aceite de oliva

58
Lasaña de marisco

60
Espaguetis a la Puttanesca /Pasta a la siciliana

62
Técnicas del chef

 para principiantes    *para cocineros poco experimentados*   *para cocineros expertos*

Tortellini con salsa cremosa de champiñones

Los tortellini frescos, pequeños sobrecitos de pasta rellenos de carne, queso o verduras que se pueden encontrar en la mayor parte de supermercados y tiendas de alimentación, hacen que este delicioso plato sea muy fácil de preparar.

Tiempo de preparación 15 minutos
Tiempo de cocción 35 minutos
Para 4 personas

40 g de mantequilla
2 chalotes muy picados
500 g de champiñones laminados
1 cucharada de zumo de limón
2 cucharadas de oporto
500 ml de nata líquida
500 g de tortellini frescos

1 Funda la mantequilla en una sartén a fuego lento y saltee los chalotes con una pizca de sal de 3 a 5 minutos sin dejar que se doren, añada luego los champiñones previamente mezclados con el zumo de limón y otra pizca de sal. Deje cocer los champiñones a fuego medio de 10 a 15 minutos o bien hasta que estén secos y todo el líquido se haya evaporado. Sin dejar que la mezcla se queme, añada el oporto y déjelo hervir de 2 a 3 minutos o hasta que prácticamente se haya evaporado. Agregue después, removiendo, la nata líquida y deje cocer la mezcla de 5 a 10 minutos o hasta que la salsa sea lo suficientemente espesa como para revestir el dorso de una cuchara; rectifique de sal.

2 Mientras tanto, en una olla grande lleve a ebullición agua con sal y un chorrito de aceite para evitar que la pasta se pegue, y cueza los tortellini siguiendo las instrucciones del fabricante. A continuación, escurra bien la pasta y reparta los tortellini en cuatro platos calientes, luego vierta la salsa por encima y sírvalos acompañados con pimienta negra.

Nota del chef Para obtener un sabor más intenso, mezcle los champiñones con setas secas, de tipo porcini o shiitake.

Espirales al pesto de menta y albahaca

El nombre de pesto deriva del mortero que tradicionalmente se utilizaba para hacer esta salsa italiana. En este caso, se ha añadido menta a la receta tradicional.

Tiempo de preparación 10 minutos
Tiempo de cocción 10 minutos
Para 4 personas

30 g de menta fresca
30 g de albahaca fresca
3 cucharadas de queso parmesano recién rallado
2 dientes de ajo
30 g de piñones
200 ml de aceite de oliva
un trozo de unos 100 g de parmesano
500 g de espirales (pasta seca)
hojas frescas de albahaca para adornar

1 Para preparar el pesto, mezcle en un robot de cocina la menta, la albahaca, el parmesano rallado, el ajo y los piñones junto con la mitad del aceite, hasta conseguir una crema sin grumos. Con la máquina en funcionamiento agregue el resto del aceite en un chorrito constante. A continuación, corte el trozo de parmesano con un pelador de verduras, para obtener unos rizos finos, y resérvelo.
2 En una olla grande llena de agua hirviendo con sal vierta un chorrito de aceite para que la pasta no se pegue y cueza las espirales siguiendo las instrucciones del fabricante. Luego escúrralas bien y vuélvalas a poner en la cazuela.
3 Agregue unas dos terceras partes del pesto a la pasta, luego caliéntelo todo durante unos 10 segundos. Sirva las espirales adornadas con los rizos de parmesano y la albahaca.

Nota del chef Si desea preparar un pesto más tradicional, no ponga la menta y utilice toda la albahaca. La salsa que sobre puede guardarla en el frigorífico una semana, con una película fina de aceite por encima para que no se decolore.

Espirales al pesto de menta y albahaca (arriba)
y Lazos al pesto rojo

Pajaritas al pesto rojo

Los tomates secos de esta receta sustituyen a la albahaca del clásico pesto verde, en una interesante variación.

Tiempo de preparación 10 minutos
Tiempo de cocción 15 minutos
Para 4–6 personas

100 g de tomates secos enlatados en aceite
30 g de piñones
2 dientes de ajo
35 g de queso parmesano recién rallado
125 ml de aceite de oliva
500 g de pajaritas (pasta seca)

1 Para preparar el pesto rojo, saltee a fuego lento los tomates previamente escurridos junto con los piñones y el ajo en una sartén antiadherente, removiendo constantemente, durante unos 6 minutos o hasta que los piñones queden dorados.
2 Ponga el contenido de la sartén en un robot de cocina y píquelo bien, agregue luego el parmesano y mézclelo durante 1 minuto; sazone a continuación con pimienta negra recién molida y agregue el aceite de oliva sin apagar la máquina.
3 Ponga a hervir agua en una olla grande, añada una pizca de sal y vierta un chorrito de aceite para que la pasta no se pegue. Cueza las pajaritas siguiendo las instrucciones del fabricante. Luego escurra bien la pasta y vierta el pesto rojo por encima.

Nota del chef Si desea que esta salsa resulte más picante, añádale más ajo, anchoas o pimientos picantes.

pasta **7**

Tallarines (linguine) con almejas

*Los linguine, palabra italiana que significa "pequeñas lenguas", son tallarines largos y planos.
En esta ocasión están acompañados por unas almejas frescas en una cremosa salsa de perejil y vino blanco.
Es un plato que requiere cierta dedicación y tiempo, pero sin duda vale la pena el esfuerzo.*

Tiempo de preparación 25 minutos + 1 hora en remojo
Tiempo de cocción 50 minutos
Para 4–6 personas

2 kg de almejas
100 g de mantequilla
1 cebolla grande muy picada
1 tallo grande de apio troceado
2 ramilletes de tomillo fresco
1 hoja de laurel
8 brotes de perejil fresco
8 dientes de ajo picados
100 g de champiñones en láminas
750 ml de vino blanco seco
500 g de tallarines o linguine (pasta seca)
2 cucharadas de harina
400 ml de nata
4 cucharadas de perejil fresco picado

1 Lave las almejas, luego téngalas en remojo en agua fría durante 1 hora, cambiando el agua varias veces. Mientras, funda 80 g de mantequilla en un cazo. Agregue la cebolla y saltéela a fuego lento durante 5 minutos, luego añada el apio, el tomillo, el laurel, el perejil, el ajo, los champiñones y el vino blanco. Hiérvalo todo durante 5 minutos, añada las almejas ya escurridas en el líquido hirviendo y cuézalas, tapadas, de 5 a 8 minutos (15 a 20 minutos si son almejas grandes) o hasta que se abran. Retire las almejas, descartando las que no se hayan abierto, y resérvelas para que se enfríen. Retire la carne de la mitad de las conchas, refrésquela con agua fría y después de escurrirla, trocéela. Luego vuelva a hervir la salsa durante 10 minutos, y cuélela en un colador revestido con un paño húmedo. Mida 400 ml del líquido.

2 Cueza los tallarines en una cazuela grande con agua hirviendo, sal y un chorrito de aceite para evitar que se peguen. A continuación, escurra la pasta, agregue un poco de aceite y manténgala caliente.

3 Funda el resto de la mantequilla en un cazo a fuego lento, incorpore la harina y cuézala durante 2 minutos; a continuación, retírela del fuego y añada gradualmente, batiéndolo, el líquido de cocer las almejas que había reservado. Ponga el cazo en el fuego y lleve a ebullición, removiendo bien. Luego baje el fuego al mínimo y déjelo cocer durante 5 minutos o hasta que la mezcla se haya espesado; a continuación agregue, removiendo, la nata líquida y déjala cocer otros 5 minutos. Incorpore las almejas enteras y troceadas, el perejil y una pizca de sal y pimienta negra. Cueza durante 30 segundos más y sirva los linguine con la salsa por encima.

Nota del chef Para obtener mejores resultados, use almejas pequeñas puesto que son más tiernas que las grandes.

Ensalada de pasta de espinacas

La fórmula que combina el roquefort, el bacon y las nueces con los tallarines verdes resulta espectacular.

Tiempo de preparación 20 minutos
Tiempo de cocción 10 minutos
Para 4 personas

PASTA
200 g de harina
1/2 cucharadita de sal
20 ml de aceite de oliva
2 huevos ligeramente batidos
2 cucharadas de espinacas descongeladas, escurridas y picadas muy finas
1 chalote muy picado
1 diente de ajo muy picado
50 ml de vinagre de vino blanco
120 ml de aceite de nuez
100 g de queso roquefort cortado en daditos
1 cebolla roja pequeña cortada en rodajas finas
4 lonchas de bacon frito, crujiente y cortado en trozos grandes
50 g de nueces doradas en el aceite de freír el bacon
1 cucharada de perejil fresco picado

1 Para preparar la pasta siga el método de las Técnicas del chef en la página 62, añadiendo las espinacas con los huevos. Divida la masa en dos y pásela por la máquina de pasta. Cuando las láminas de pasta hayan pasado por la posición más fina, páselas por los cortadores de 6 mm y obtendrá los tallarines (vea las Técnicas del chef en página 63).

2 Para preparar la vinagreta, combine el chalote, el ajo, el vinagre, el aceite, la sal y la pimienta y bata los ingredientes.

3 En una olla grande con agua hirviendo y sal añada un chorrito de aceite para evitar que se pegue la pasta y cueza los tallarines de 2 a 3 minutos. Luego escúrralos y póngalos bajo el chorro de agua fría, para volverlos a escurrir después.

4 Mezcle la pasta y la vinagreta en un cuenco y agregue el resto de ingredientes. Mézclelo todo antes de presentarlo.

Canelones

Estos tubos de pasta están rellenos con una carne suculenta, revestidos con una cremosa salsa de queso y gratinados hasta que están dorados y muy calientes. Son perfectos para la comida acompañados con una ensalada verde.

Tiempo de preparación 50 minutos
Tiempo de cocción 55 minutos
Para 4 personas

30 g de pan rallado
1 cucharada de leche
20 g de mantequilla
1 cebolla muy picada
100 g de lomo de cerdo
160 g de pechuga de pollo sin piel
80 ml de nata líquida
3 cucharadas de perejil fresco picado
30 g de queso parmesano recién rallado
1 clara de huevo ligeramente batida
30 g de jamón troceado
12 canelones (pasta seca)

SALSA
60 g de mantequilla
40 g de harina
500 ml de leche
70 g de queso gruyère rallado

1 Precaliente el horno a temperatura media (180°C). Bañe el pan rallado en la leche, luego caliente la mantequilla en una cacerola pequeña, agregue la cebolla y saltéela a fuego lento hasta que quede tierna y traslúcida. En un robot de cocina, pique la carne de cerdo y la pechuga de pollo y colóquela en un cuenco, en el que incorporará el pan rallado mojado en leche, la nata, el perejil, el parmesano y la cantidad suficiente de clara de huevo para que el relleno quede ligado. A continuación, añada el jamón y la cebolla salteada y sazone bien.

2 Vierta a cucharadas la mezcla de carne en una manga pastelera con boquilla grande y rellene de carne los tubos de pasta.

3 Para preparar la salsa, derrita 40 g de mantequilla en una cazuela a fuego medio, incorpore la harina y bátala durante 3 minutos. Retírela del fuego y añada la leche gradualmente, luego vuelva a poner la cazuela en el fuego y bata la mezcla hasta que hierva y sea lo suficientemente espesa para revestir el dorso de una cuchara. Agregue el queso y bátalo hasta que se funda, luego incorpore el resto de mantequilla. Extienda una capa fina de salsa en el fondo de una fuente de horno de 17 x 29 x 45 cm y disponga los canelones rellenos encima. Nápelos con la salsa restante, tápelos y gratínelos durante 25 minutos, luego gratínelos de 15 a 20 minutos sin tapar o hasta que estén dorados.

Nota del chef En lugar de picar la carne usted mismo, puede comprar carne recién picada.

Pasta primavera

Este plato de pasta deleita el paladar con los frescos aromas de las hortalizas primaverales y el delicado sabor del perejil y la menta, y constituye sin duda la mejor manera de celebrar la llegada de la primavera.

Tiempo de preparación **40 minutos**
Tiempo de cocción **35 minutos**
Para 4 personas

500 ml de caldo vegetal
12 puerros pequeños cortados en trozos de 5 cm de longitud
12 cebollas tiernas
25 g de habas
12 espárragos cortados en trozos de 5 cm de longitud
12 zanahorias pequeñas cortadas en trozos de 5 cm de longitud
100 g de guisantes pequeños
500 g de espaguetis frescos
3 yemas de huevos
200 ml de nata líquida
25 g de mantequilla
50 g de queso parmesano recién rallado
2 cucharadas de perejil fresco picado
1 cucharada de menta fresca desmenuzada
queso parmesano recién rallado para servir

1 Lleve el caldo vegetal a ebullición en una cazuela, luego incorpore y cueza las hortalizas, por tandas, hasta que estén al dente. Retire las hortalizas del caldo con una espumadera y refrésquelas con agua fría; resérvelas. Reserve también el caldo y manténgalo caliente.

2 En una olla grande llena de agua hirviendo con sal añada un chorrito de aceite para evitar que se pegue la pasta y cueza los espaguetis de 2 a 3 minutos o hasta que queden al dente. Escúrralos y manténgalos calientes.

3 Lleve agua a ebullición en una cazuela grande y retírela del fuego. A continuación, coloque un cuenco grande sobre la cazuela, asegurándose de que la base del cuenco no toque el agua. Incorpore entonces las yemas de huevo y 50 ml del caldo previamente reservado en el cuenco y bata la mezcla hasta que se espese ligeramente. Añada la nata, la mantequilla y el parmesano a otros 200 ml de caldo, y viértalo en la mezcla de las yemas de huevo removiendo suavemente hasta obtener una salsa que debe quedar ligera y líquida. Agregue las hortalizas escurridas a la salsa para calentarlas, pero sin dejar que llegue a ebullición.

4 Añada los espaguetis a la salsa y a las hortalizas y remueva bien todo junto con el perejil y la menta hasta que quede bien caliente. Sazone al gusto, sirva en platos soperos previamente calentados y espolvoree con parmesano.

Nota del chef Puede utilizar espaguetis secos en lugar de frescos, cocidos según las instrucciones del fabricante.

Albóndigas italianas

Las sabrosas albóndigas cocidas en una rica salsa de tomate y acompañadas con espaguetis constituyen un nutritivo plato invernal. Las albóndigas se pueden preparar con carne picada de buey o con una combinación de carne picada de buey y de cerdo, si se prefiere.

Tiempo de preparación 50 minutos
Tiempo de cocción 1 hora 25 minutos
Para 4 personas

4 cucharadas de aceite de oliva
1 cebolla muy picada
2 dientes de ajo muy picados
1/4 de cucharadita de orégano fresco picado
500 g de magro de buey picado
1 huevo ligeramente batido
500 g de espaguetis (pasta seca)
queso parmesano recién rallado para servir

SALSA
2 cucharadas de aceite de oliva
1 cebolla grande muy picada
4 latas de tomate italiano entero pelado de 425 g cada una, triturado sin escurrir en un robot de cocina
5 dientes de ajo muy picados
1 hoja de laurel
2 ramilletes de tomillo fresco

1 Saltee la cebolla a fuego lento en la mitad del aceite de 5 a 7 minutos o hasta que quede tierna; retire del fuego, añada el ajo y el orégano y mezcle todo bien. Escurra el aceite sobrante y resérvelos; cuando ya estén fríos, incorpórelos a la carne y mézclelo todo bien. Sazone con sal y pimienta y añada huevo hasta que la mezcla quede bien ligada.

2 Divida la carne en ocho porciones y déles forma de bolas. En una sartén con el resto del aceite caliente, fría las albóndigas hasta que queden uniformemente doradas. Luego colóquelas en una fuente con papel para que se escurran.

3 Para preparar la salsa, saltee la cebolla a fuego lento durante 5 minutos sin dejar que se dore, luego añada el tomate, el ajo, la hoja de laurel, el tomillo y las albóndigas y deje hervir los ingredientes a fuego lento, tapados, unos 20 minutos. A continuación, destápelos y cuézalos de 30 a 40 minutos, espumando si es necesario. Retire entonces la hoja de laurel y el tomillo y sazone al gusto con sal y pimienta.

4 En una olla grande llena de agua hirviendo con sal añada un chorrito de aceite para evitar que se pegue la pasta y cuézala siguiendo las instrucciones del fabricante.

5 Escurra bien la pasta y sírvala en una fuente grande o directamente en platos individuales, disponga encima las albóndigas con la salsa y sirva con el parmesano aparte.

Espaguetis a la boloñesa

Los espaguetis a la boloñesa, reflejo del rico estilo de la cocina de Boloña, al norte de Italia, son sin duda uno de los platos más conocidos y apreciados de la cocina italiana.

Tiempo de preparación 50 minutos
Tiempo de cocción 1 hora 10 minutos
Para 6–8 personas

125 ml de aceite de oliva
1 kg de carne de buey picada
1 cebolla grande muy picada
2 cucharadas de concentrado de tomate
80 ml de vino tinto
8 dientes de ajo muy picados
25 kg de tomates frescos, pelados, sin semillas y hechos puré con un robot de cocina
4 ramilletes de tomillo fresco
1 hoja de laurel
750 g de espaguetis (pasta seca)
queso parmesano recién rallado para servir

1 Caliente bien la mitad del aceite en una sartén grande, incorpore la carne picada, sazónela con sal y pimienta, y rehóguela durante 10 minutos o hasta que el líquido de la carne se haya evaporado. Retire la grasa y reserve la carne. Con el resto del aceite caliente, saltee la cebolla durante unos 5 minutos sin dejar que llegue a dorarse, luego agregue el concentrado de tomate y cuézalo de 1 a 2 minutos; añada entonces el vino y déjelo hervir unos 5 minutos. Vuelva a introducir la carne en la sartén junto con el ajo, los tomates, el tomillo y la hoja de laurel. Deje hervir los ingredientes durante 45 minutos o hasta que el líquido se haya reducido a la mitad. Retire el tomillo y la hoja de laurel.

2 Mientras tanto, hierva en una olla agua con sal y añada un chorrito de aceite para evitar que la pasta se pegue; luego cueza los espaguetis siguiendo las instrucciones del fabricante. Escurra bien la pasta y póngala en platos individuales, riéguela con la salsa y sírvala con el parmesano.

Fettuccine Alfredo

Un plato cremoso y delicioso, sencillo y fácil de preparar. Para obtener mejores resultados es esencial utilizar parmesano recién rallado, puesto que el parmesano molido es un sustituto mediocre.

Tiempo de preparación 5 minutos
Tiempo de cocción 15 minutos
Para 4 personas

400 ml de nata líquida
220 g de queso parmesano recién rallado
3 cucharadas de perejil fresco picado
500 g de fettuccine (pasta seca)
queso parmesano recién rallado para servir

1 En una sartén de fondo pesado lleve la nata líquida a ebullición. Sin dejar de remover, añada gradualmente el parmesano, el perejil, la sal y la pimienta negra recién molida. Remueva bien la mezcla hasta que todos los ingredientes estén bien combinados.

2 Mientras tanto, en una olla grande llena de agua hirviendo con sal, añada un chorrito de aceite para evitar que la pasta se pegue y cueza los fettuccine siguiendo las instrucciones del fabricante. Cuando estén listos, escurra bien la pasta e incorpórela a la salsa. Sírvala con el parmesano recién rallado aparte.

Espaguetis a la boloñesa (arriba) y Fettuccine Alfredo

Ravioli de queso de cabra con puré de hinojo

La preparación de este espectacular plato requiere un pequeño esfuerzo y cierta paciencia, pero impresionará por igual a familia y amigos. La salsa de tomates frescos y el sabor del hinojo combinan de maravilla con los ravioli.

Tiempo de preparación 1 hora + 15 minutos de refrigeración
Tiempo de cocción 1 hora
Para 4 personas

PASTA
100 g de harina
una pizca de sal
10 ml de aceite de oliva
1 huevo ligeramente batido

200 g de queso de cabra cortado en unas 20 lonchas
1 huevo ligeramente batido

PURÉ DE HINOJO
375 g de hinojo troceado
1 chalote troceado
225 ml de caldo de pollo
1 ramillete de tomillo fresco
1 hoja de laurel

SALSA DE TOMATE
1 chalote muy picado
2 dientes de ajo muy picados
4 tomates pelados, sin semillas y partidos en cuartos
1 ramillete de tomillo fresco
una pizca de azúcar

SALSA DE MANTEQUILLA
10 g de mantequilla
1 chalote picado
75 ml de vino blanco
1 ramillete de tomillo fresco
1/2 hoja de laurel
50 ml de crema de leche
125 g de mantequilla congelada y cortada en dados
1 cucharadita de zumo de limón

1 Para preparar la pasta, siga el método de las Técnicas del chef de la página 62 y divida la masa en dos trozos. Pase los trozos por la posición más fina de la máquina, asegurándose de que tengan al menos 16 cm de anchura.

2 Disponga el queso sobre una de las láminas de pasta, de forma que las lonchas tengan una separación entre sí de 4 cm y estén a 4 cm de los bordes. Pinte la pasta que rodea el queso con el huevo y ponga la segunda lámina de pasta encima. Presione entonces con firmeza alrededor de cada montículo para expulsar el aire y sellar. Corte los ravioli con un cortapastas para obtener cuadrados de 6 a 8 cm, y dispóngalos en una sola capa encima de un papel parafinado; congélelos unos 15 minutos (vea Técnicas del chef en la página 63).

3 Para preparar el puré de hinojo, hierva a fuego lento el hinojo junto con el chalote en unas cuantas cucharadas del caldo, tapado, durante 10 minutos. Agregue las hierbas y el caldo restante, tápelo y déjelo hervir hasta que los ingredientes estén tiernos. Escurra el líquido, descarte las hierbas y haga puré el hinojo y el chalote en un robot de cocina.

4 Para preparar la salsa de tomate, cueza todos los ingredientes previamente sazonados en una sartén con aceite caliente, a fuego lento, removiendo de vez en cuando, durante 10 minutos o hasta que la salsa se espese.

5 Para preparar la salsa de mantequilla, fúndala en una sartén, incorpore el chalote y saltéelo unos 3 minutos, luego agregue el vino y las hierbas y deje hervir unos 5 minutos o hasta que el líquido se haya reducido a la mitad. Vierta la crema de leche, llévela a una ebullición suave y baje el fuego al mínimo. Incorpore la salsa de mantequilla de forma gradual y bátala sin dejar que llegue a hervir. Añada finalmente el zumo de limón, tape la salsa y manténgala caliente.

6 En una olla llena de agua hirviendo con sal añada un chorrito de aceite y cueza los ravioli unos 4 minutos, o hasta que estén al dente, luego escúrralos bien. Para servir, vierta el puré de hinojo en el centro de cuatro platos y disponga algunos ravioli encima, riéguelos con la salsa de mantequilla y extienda un poco de salsa de tomate alrededor del borde.

Pasta al pomodoro

Pomodoro significa tomate en italiano y se refiere al ingrediente principal de este plato. Si utiliza tomate en lata conseguirá una salsa de un rojo intenso y podrá disfrutar de este plato todo el año.

Tiempo de preparación 20 minutos
Tiempo de cocción 1 hora 15 minutos
Para 4–6 personas

15 g de albahaca fresca
2 ramilletes de tomillo fresco
1 hoja de laurel
2 cucharadas de aceite de oliva
1 cebolla grande muy picada
4 latas de tomate italiano pelado triturado de 425 g cada una
5 dientes de ajo muy picados
500 g de rigatoni o macarrones rayados (pasta seca)
parmesano recién rallado para servir

1 Separe las hojas de albahaca y guarde los tallos para la salsa. Ate los tallos en un ramo junto con el ramillete de tomillo y la hoja de laurel.

2 Caliente aceite en una cazuela grande y saltee la cebolla durante 5 minutos sin llegar a dorarla, luego añada el tomate, el ajo y el ramito de hierbas. Lleve a ebullición, tape y deje cocer a fuego lento durante 40 minutos. A continuación, destape y siga cociendo otros 20 minutos. Remueva de vez en cuando. Sazone al gusto con sal y pimienta.

3 En una olla grande llena de agua hirviendo con sal añada un chorrito de aceite para evitar que se pegue la pasta y cueza los rigatoni o macarrones siguiendo las instrucciones del fabricante. Luego escurra bien la pasta, mézclela con un poco de aceite de oliva y manténgala caliente.

4 Cuando esté lista la salsa, retire y descarte el ramito de hierbas. Pique muy finas las hojas de albahaca y mézclelas con la salsa, pero sin dejar que llegue a hervir.

5 Mezcle la salsa con la pasta ya cocida y sirva con el parmesano.

Nota del chef Esta salsa se puede preparar con tomates frescos, pero sólo es recomendable si los tomates son de temporada. No debe utilizar tomates de invierno porque en su mayor parte son agua y tienen poco color y sabor. Si dispone de tomates de calidad, utilice la misma cantidad que en la receta, pélelos y retire las semillas. Dependiendo de la madurez del tomate será necesario añadirle un poco de concentrado de tomate para reforzar el color y el sabor. Después de saltear las cebollas, añada el concentrado y cuézalo de 1 a 2 minutos antes de agregar los otros ingredientes.

Pasta marinara

Para esta receta se puede utilizar cualquier clase de marisco, pero no se debe cocer en exceso o quedará duro.

Tiempo de preparación 20 minutos
Tiempo de cocción 1 hora 40 minutos
Para 4–6 personas

2 ramilletes de tomillo fresco
2 ramilletes de perejil fresco
1 hoja de laurel
125 ml de aceite de oliva
1 cebolla grande muy picada
125 ml de vino blanco
3 latas de 425 g de tomates italianos enteros, pelados y triturados (sin escurrir)
5 dientes de ajo muy picados
de 8 a 10 mejillones pequeños bien cerrados, rascados y limpios
250 g de vieiras, sin el nervio, limpias y secas
250 g de calamar cortado en anillos
500 g de gambas medianas hervidas y peladas
15 g de perejil fresco picado
500 g de espaguetis (pasta seca)

1 Ate las hierbas y la hoja de laurel en un ramito. En una cazuela con dos terceras partes del aceite caliente saltee la cebolla unos 5 minutos sin dejar que se dore. Agregue a continuación el vino y déjelo hervir hasta que se haya reducido en tres cuartas partes, luego añada el tomate, el ajo y el ramito y cuézalos 20 minutos tapados, luego destápelos y déjelos cocer 40 minutos. Entonces incorpore los mejillones, cuézalos durante 5 minutos y descarte los que no se hayan abierto.
2 En una sartén con el resto del aceite muy caliente sofría las vieiras y los calamares durante 1 minuto o hasta que estén firmes y blancos. Agréguelos a la salsa con las gambas y caliéntela; retire las hierbas e incorpore el perejil.
3 En una olla con agua hirviendo y sal añada un chorrito de aceite y cueza los espaguetis. Sazone la salsa y riegue con ella la pasta ya escurrida.

Lasaña clásica

Aunque se puede preparar este clásico y popular plato italiano con láminas de lasaña compradas, el aroma y la textura de la pasta fresca recién hecha son realmente únicos y bien valen el esfuerzo.

Tiempo de preparación 1 hora + 20 minutos en reposo
Tiempo de cocción 2 horas 15 minutos
Para 10–12 personas

aceite de oliva
1 kg de carne de buey picada
1 cebolla grande muy picada
3 cucharadas de concentrado de tomate
125 ml de vino tinto
8 dientes de ajo muy picados
4 latas de tomate italiano pelado triturado de 425 g cada una
4 ramilletes de tomillo fresco
1 hoja de laurel
650 g de queso ricotta
100 ml de nata líquida
4 huevos
400 g de queso mozzarella cortado en rodajas finas
50 g de queso parmesano recién rallado

PASTA
400 g de harina
1 cucharadita de sal
40 ml de aceite de oliva
4 huevos ligeramente batidos

1 Caliente 2 cucharadas de aceite en una cazuela y rehogue la carne picada a fuego vivo durante 10 minutos o hasta que se haya evaporado prácticamente todo el líquido. Retire la grasa y reserve la carne. Luego baje el fuego al mínimo y tras añadir más aceite saltee la cebolla durante 5 minutos, sin dejar que se dore. Agregue el concentrado de tomate y cuézalo de 1 a 2 minutos; luego añada el vino, el ajo, los tomates, las hierbas y el buey y cueza los ingredientes durante 1 hora o hasta que el líquido se reduzca a la mitad.

2 Para hacer la pasta, siga el método de las Técnicas del chef de la página 62, dividiendo la masa en cuatro trozos antes de pasarla por la máquina de pasta, para darle un espesor de 1 ó 2 mm. Corte los trozos en rectángulos de 10 x 12 cm.

3 En una olla llena de agua hirviendo con sal agregue un chorrito de aceite y cueza la lasaña en tandas durante 2 ó 3 minutos o hasta que esté al dente. Colóquela en un bol de agua fría, luego escúrrala y pongala entre dos paños.

4 Escurra el queso ricotta en un colador, luego mézclelo con la nata y los huevos en un cuenco, sazónelo, tápelo y resérvelo. Precaliente el horno a temperatura media (190°C).

5 Extienda 200 ml de la carne en una fuente resistente al horno. Disponga una lámina de pasta encima, luego una tercera parte de la mezcla de ricotta y una capa de carne. Repita la operación dos veces y acabe con una capa de pasta cubierta con carne. Después de cubrirla con los quesos, gratine la lasaña durante 45 minutos. Déjela reposar 20 minutos.

pasta **27**

Pasta al azafrán con tomates al horno y habas

La pasta amarilla, los tomates de un rojo intenso y las habas verdes hacen que este plato esté lleno de colorido, además de ser delicioso. Se puede usar queso en crema o queso ricotta italiano, y se puede aumentar la cantidad de caldo para que la salsa sea más líquida.

Tiempo de preparación 1 hora + 15 minutos en remojo
Tiempo de cocción 1 hora 40 minutos
Para 6 personas como entrante

PASTA
unas hebras de azafrán
300 g de harina
1 cucharadita de sal
10 ml de aceite de oliva
3 huevos ligeramente batidos

250 g de tomates en rama
2 ó 3 ramilletes de tomillo fresco
400 g de habas
4 cucharadas de aceite de oliva
2 dientes de ajo machacados
60 g de queso en crema o ricotta
200 ml de caldo de pollo o vegetal suave
60 g de queso parmesano recién rallado

1 Precaliente el horno a 150°C y ponga el azafrán en remojo en 15 ml de agua caliente durante 15 minutos.

2 Para preparar la pasta, siga el método de las Técnicas del chef en la página 62, y añada las hebras de azafrán y el líquido de éstas junto con los huevos. Divida entonces la masa en cuatro antes de pasarla por la máquina de pasta. Cuando haya pasado la pasta por la posición más fina, pase las láminas por los cortadores de 6 mm para hacer tallarines (vea Técnicas del chef, página 63).

3 Corte los tomates por la mitad y dispóngalos en una bandeja de horno, luego espolvoréelos con las hojas de tomillo y sal, y hornéelos de 75 a 90 minutos, hasta que estén secos pero tiernos al tacto. Retírelos y déjelos enfriar.

4 En una cazuela con agua hirviendo cueza las habas durante 6 minutos o hasta que estén tiernas. Escúrralas y déjelas enfriar, luego retire la piel de cada haba (se pelarán solas si las aprieta suavemente).

5 Hierva agua con sal en una olla grande, añada un chorrito de aceite para evitar que se pegue la pasta y cuézala de 2 a 3 minutos o hasta que esté al dente. Escúrrala bien.

6 En una sartén con la mitad del aceite caliente fría el ajo hasta que esté ligeramente dorado. Luego incorpore el queso en crema o ricotta y el caldo en un robot de cocina, agregue el ajo y pique los ingredientes hasta que desaparezcan los grumos. Vuelva a poner la mezcla en el fuego y caliéntela bien, luego añada los tomates, las habas, el parmesano, el aceite de oliva restante y los tallarines. Combine bien todos los ingredientes y sazone al gusto con sal y pimienta negra recién molida; después sirva con los tomates restantes por

Ravioli de calabaza con mantequilla de albahaca

El delicado sabor de la calabaza y el relleno de hierbas de los ravioli se complementan perfectamente con la mantequilla de albahaca y ajo. Cuando prepare los ravioli es importante que amase la pasta hasta dejarla lo más fina posible, pero asegurándose de que no se rompa al manipularla.

Tiempo de preparación 1 hora 30 minutos
Tiempo de cocción 1 hora 20 minutos
Para 6–8 personas

400 g de calabaza
30 ml de aceite de oliva
75 g de jamón de Parma muy picado
50 g de queso parmesano recién rallado
2 cucharadas de albahaca fresca picada
3 cucharadas de salvia fresca picada
1 yema de huevo
30 ml de nata líquida
una pizca de nuez moscada

PASTA
400 g de harina
1 cucharada de sal
40 ml de aceite de oliva
4 huevos ligeramente batidos

MANTEQUILLA DE HIERBAS
160 g de mantequilla o aceite de oliva
6 dientes de ajo partidos por la mitad
30 g de albahaca fresca

1 Precaliente el horno a temperatura media (190°C). Ponga la calabaza en una bandeja de horno ligeramente untada con aceite y píntela con aceite de oliva. Hornéela durante 1 hora, aproximadamente, o hasta que la pulpa esté tierna cuando la presione levemente con una cuchara, luego resérvela.

2 Para preparar la pasta, siga el método de las Técnicas del chef de la página 62, dividiendo la masa en cuatro trozos antes de pasarla por la máquina de pasta. Pase los trozos por la posición más fina de la máquina, asegurándose de que tengan al menos 16 cm de anchura, luego córtelos en tiras de 12 cm de anchura.

3 Una vez se haya enfriado la calabaza, retire la pulpa rascando y macháquela en un cuenco. Incorpore el jamón de Parma, el parmesano, la albahaca, la salvia, la yema de huevo y la nata. Sazone con la nuez moscada, la sal y la pimienta, luego cúbralo y resérvalo.

4 Vierta cucharaditas colmadas de la mezcla sobre las tiras de masa, dejando unos 6 cm entre cada montoncito. Pinte la pasta ligeramente con agua alrededor de la calabaza, luego disponga otra lámina de pasta encima y presione con firmeza alrededor de cada montículo para expulsar el aire y para sellarlos. Seguidamente, corte los ravioli presionando con un cortapastas de 6 cm y enharínelos ligeramente. Dispóngalos en una única capa entre dos hojas de papel parafinado y guárdelos en el frigorífico hasta que estén listos para usar (vea Técnicas del chef, página 63).

5 En una olla grande llena de agua con sal vierta un chorrito de aceite para evitar que se pegue la pasta y cueza los ravioli en tandas durante 5 ó 6 minutos, o hasta que floten y estén al dente, luego escúrralos bien.

6 Para preparar la mantequilla de hierbas, funda la mantequilla a fuego lento e incorpore el ajo, luego deje que se fría durante unos minutos. Cuanto más tiempo lo deje más intenso será el sabor a ajo, pero asegúrese de que no se dore. Retire la cazuela del fuego y extraiga el ajo con una espumadera, luego rompa las hojas de albahaca y añádalas a la salsa.

7 Mezcle los ravioli con la mantequilla de albahaca para recalentarlos, y sírvalos en platos calientes.

Nota del chef Para obtener un adorno suplementario, hornee algunas semillas de calabaza hasta que estén doradas, sazónelas ligeramente y dispóngalas alrededor de los ravioli.

Pasta con parmesano y gruyère

Un plato sencillo y rápido que se puede preparar con pasta fresca o seca. También resulta una buena guarnición para las carnes a la brasa.

Tiempo de preparación 20 minutos
Tiempo de cocción 25 minutos
Para 4 personas

PASTA
400 g de harina
1 cucharadita de sal
40 ml de aceite de oliva
4 huevos ligeramente batidos

3 cucharadas de aceite de oliva
40 g de queso gruyère recién rallado
110 g de queso parmesano recién rallado
un trozo de queso parmesano para hacer virutas

1 Para preparar la pasta siga el método de las Técnicas del chef de la página 62. Divida la masa en cuatro trozos antes de introducirla en la máquina de pasta; después de pasarla por la posición más fina deslícela por los cortadores de 6 mm para hacer tallarines (vea Técnicas del chef, página 63).
2 En una olla llena de agua hirviendo con sal agregue un chorrito de aceite para evitar que se pegue la pasta y cueza los tallarines de 2 a 3 minutos o hasta que estén al dente.
3 Escurra bien la pasta y, después de ponerla en un cuenco grande, riéguela con aceite de oliva, luego sazónela y mézclela con el gruyère y el parmesano rallados. Pásela a la fuente donde se va a servir y disponga encima las virutas de parmesano y un poco de pimienta negra recién molida.

Nota del chef Las virutas de parmesano son decorativas y fáciles de preparar. Simplemente, pase un pelador de verduras por un lado del trozo de parmesano y obtendrá virutas finas.

Espaguetis a la carbonara

La pasta debe estar muy bien escurrida y muy caliente cuando se incorpore a la salsa, puesto que el calor de la pasta es el que cuece ligeramente las yemas de huevo.

Tiempo de preparación 10 minutos
Tiempo de cocción 20 minutos
Para 4–6 personas

4 cucharadas de aceite
240 g de bacon cortado en dados de 1 cm
500 g de espaguetis (pasta seca)
8 yemas de huevo
110 g de queso parmesano recién rallado
2 cucharadas de perejil fresco picado

1 En una sartén con aceite caliente sofría el bacon durante 5 ó 10 minutos hasta que esté uniformemente dorado y crujiente, luego dispóngalo en servilletas de papel para que se escurra y resérvelo.
2 En una olla llena de agua hirviendo con sal agregue un chorrito de aceite para que la pasta no se pegue y cueza los espaguetis siguiendo las instrucciones del fabricante.
3 Justo antes de que la pasta esté cocida, bata las yemas de huevo en un cuenco grande y sazónelas con pimienta negra recién molida. Incorpore 3 cucharadas de agua hirviendo y el parmesano, bata y luego escurra los espaguetis e incorpórelos a la mezcla de queso y huevo. A continuación, agregue el bacon y sirva inmediatamente con un poco de perejil espolvoreado por encima.

Pasta con parmesano y gruyère (arriba)
y Espaguetis a la carbonara

Caracolas de ricotta

El extenso tiempo de preparación de este plato puede parecer alarmante a primera vista, sin embargo, es importante destacar que tanto para la salsa de tomate como para las caracolas de pasta rellenas de queso y hierbas la mayor parte del tiempo de cocción transcurre en el horno, dejándonos tiempo libre para hacer otras cosas.

Tiempo de preparación 1 hora
Tiempo de cocción 2 horas 30 minutos
Para 4 personas

40 g de mantequilla
60 g de bacon troceado
1 cebolla pequeña picada
1 zanahoria pequeña picada
2 cucharadas de concentrado de tomate
1 cucharada de harina
500 g de tomates pelados, sin semillas y troceados
bouquet garni (vea Nota del chef)
4 dientes de ajo picados
500 ml de caldo de pollo o agua
32–40 caracolas de pasta grandes
500 g de queso ricotta
25 g de queso parmesano recién rallado
2 huevos
1 cucharada de perejil fresco picado
1 cucharada de albahaca fresca picada
1/4 cucharadita de nuez moscada molida
250 g de mozzarella fresca o bocconcini, cortado en lonchas o rallado

1 Precaliente el horno a temperatura media (180ºC). Para preparar la salsa de tomate, funda la mantequilla a fuego medio en una cazuela de barro grande (con tapa). Añada el bacon y rehóguelo hasta que esté dorado, luego incorpore la cebolla y la zanahoria y saltéelas durante 3 minutos. Agregue también el concentrado de tomate, remuévalo bien y cuézalo durante 2 minutos. Después de espolvorearlo con la harina y hornearlo durante 5 minutos, retírelo del horno y remueva hasta que la harina desaparezca, añada los tomates, el bouquet garni y el ajo. Cuézalo durante 5 minutos sin dejar de remover, añada el caldo o el agua y lleve a ebullición. Deje hervir durante 2 minutos mientras sigue removiendo. Tape y hornee durante 1 hora.

2 En una olla grande llena de agua hirviendo con sal agregue un chorrito de aceite para que la pasta no se pegue y cueza las caracolas siguiendo las instrucciones del fabricante. Escúrralas y rocíelas con un poco de aceite de oliva, luego dispóngalas en un paño húmedo.

3 Unte ligeramente con aceite el interior de un plato grande resistente al calor. En un cuenco mezcle la ricotta, el parmesano, los huevos, las hierbas y la nuez moscada y sazone con sal y pimienta. Vierta la mezcla a cucharadas en una manga pastelera con boquilla normal, rellene las caracolas de pasta y dispóngalas en una sola capa en el plato que ha preparado.

4 Cuele la salsa de tomate en un colador chino y apriete bien para extraer la mayor cantidad de líquido posible. Descarte los sólidos, lleve la salsa de nuevo a ebullición y espúmela si es necesario. Déjela hervir durante 20 minutos o hasta que se espese, y viértala sobre las caracolas rellenas. Espolvoree la mozzarella sobre la salsa y gratínela de 30 a 40 minutos o hasta que se haya fundido y tostado.

Nota del chef Para preparar el bouquet garni, envuelva con la parte verde de un puerro una hoja de laurel, un ramillete de tomillo, algunas hojas de apio y unos cuantos tallos de perejil. Ate todas las hierbas con un cordel, dejando un cabo bastante largo para poder retirar el bouquet con facilidad una vez terminada la cocción.

Penne piselli
(macarrones con guisantes)

Los piselli –guisantes en italiano– dan nombre a este aromático plato, donde el bacon y los guisantes se unen en una rica y cremosa salsa.

Tiempo de preparación **15 minutos**
Tiempo de cocción **40 minutos**
Para 4 personas

300 g de bacon cortado en daditos de 1 cm
2 cucharadas de aceite
1 cebolla grande muy picada
500 ml de nata líquida
155 g de guisantes frescos o congelados
500 g de macarrones (penne)
2 cucharadas de queso parmesano fresco recién rallado
virutas de queso parmesano fresco para servir

1 En una cazuela cubra el bacon con agua fría y llévelo a ebullición, cuélelo y refrésquelo en agua fría, luego cuélelo de nuevo y séquelo. En una sartén antiadherente sofría el bacon a fuego lento de 3 a 4 minutos o hasta que esté levemente dorado. Añada luego la cebolla y saltéela de 3 a 5 minutos o hasta que esté tierna. Escurra el aceite sobrante, incorpore el bacon y la cebolla ya rehogados en un cazo y añada la nata líquida. Llévela a ebullición, baje el fuego al mínimo y déjela hervir durante 10 minutos.

2 Hierva los guisantes en agua con sal de 3 a 5 minutos o hasta que estén tiernos, luego escúrralos y refrésquelos en agua muy fría. Escúrralos de nuevo, añada la mezcla de nata y déjelos hervir de 3 a 5 minutos.

3 En una cazuela con agua hirviendo con sal añada un chorrito de aceite para que la pasta no se pegue y cueza los macarrones siguiendo las instrucciones del fabricante. Escurra bien la pasta.

4 Mezcle la salsa y el parmesano rallado con la pasta y sirva el plato con las virutas de parmesano por encima.

Ñoquis a la romana

Los populares ñoquis italianos se pueden hacer de patata, calabaza o, como en este caso, de sémola. A menudo se sirven como entrante, pero también resultan perfectos para el almuerzo, acompañados de una ensalada verde.

Tiempo de preparación 35 min. + 30 min. para enfriar
Tiempo de cocción 2 horas 20 minutos
Para 4 personas como entrante

40 g de mantequilla
60 g de bacon troceado
1 cebolla pequeña picada
1 zanahoria pequeña picada
2 cucharadas de concentrado de tomate
1 cucharada de harina
500 g de tomates pelados, sin semillas y troceados
bouquet garni
4 dientes de ajo picados
500 ml de caldo de pollo o agua

ÑOQUIS
500 ml de leche
60 g de mantequilla
150 g de sémola de harina o sémola fina
30 g de harina
2 cucharadas de nata líquida
1 huevo
2 yemas de huevo
4 cucharadas de queso parmesano recién rallado
80 g de mantequilla fundida

1 Precaliente el horno a 180°C. Derrita la mantequilla en un recipiente resistente al calor y rehogue el bacon hasta que esté dorado, añada la cebolla y la zanahoria y saltéelas 3 minutos. Incorpore el concentrado de tomate y déjelo cocer 2 minutos, espolvoree con la harina, póngalo en el horno 5 minutos y remueva hasta que la mantequilla desaparezca. Añada el tomate, el bouquet garni y el ajo, vuelva a ponerlo todo en el fuego y cuézalo 5 minutos sin dejar de remover. Incorpore entonces el caldo y déjelo hervir 2 minutos, luego tápelo y hornee durante 1 hora. Cuélelo en una cazuela limpia y descarte los sólidos, hierva la salsa y espúmela si es necesario. Baje el fuego al mínimo y déjela hervir hasta que se espese como para revestir el dorso de una cuchara. Sazone con sal y pimienta, reserve la salsa y manténgala caliente.

2 Para preparar los ñoquis, hierva la leche y la mantequilla en un cazo, añada la sémola y la harina y remueva a fuego lento hasta que absorban el líquido. Siga removiendo hasta que la mezcla se desprenda de los lados de la cazuela. Retírela del fuego, añada la nata líquida, el huevo, las yemas de huevo y la mitad del parmesano; remueva hasta deshacer los grumos. Sazone y extienda la masa formando una capa de 1 cm de espesor en una bandeja de horno revestida con papel parafinado. Déjala enfriar 30 minutos y córtela en círculos de 4 cm de diámetro. Pase los ñoquis a una fuente resistente al calor, rocíelos con la mantequilla fundida y espolvoréelos con el queso. Gratínelos y sírvalos con la salsa de tomate.

pasta **39**

Pasta al azafrán con espinacas y ricotta

La pasta amarilla al azafrán que se necesita para esta receta es tan sencilla de preparar como la pasta fresca habitual. Aderezada con una deliciosa salsa de espinacas y ricotta es perfecta para los vegetarianos.

Tiempo de preparación 50 minutos + 15 minutos en remojo
Tiempo de cocción 10 minutos
Para 4 personas

PASTA
unas hebras de azafrán
300 g de harina
1 cucharadita de sal
10 ml de aceite de oliva
3 huevos ligeramente batidos

125 ml de crema de leche
100 g de ricotta o queso en crema
75 g de mantequilla
2 dientes de ajo muy picados
300 g de espinacas descongeladas, escurridas y muy picadas
una pizca de nuez moscada recién molida
queso parmesano recién rallado para servir

1 Para preparar la pasta, ponga el azafrán en remojo en unos 15 ml de agua caliente durante 15 minutos, luego siga el método indicado de las Técnicas del chef en la página 62, añadiendo las hebras de azafrán y el líquido de éstas junto con los huevos. Divida entonces la masa en cuatro antes de introducirla en la máquina de pasta. Cuando haya pasado la pasta por la posición más fina, deslice las láminas por los cortadores de 6 mm para hacer tallarines (vea Técnicas del chef, página 63).

2 Bata la crema de leche y el queso en crema o ricotta en un robot de cocina y saltee el ajo con la mantequilla fundida a fuego lento en una sartén. Cuando la mantequilla deje de crepitar, añada las espinacas picadas y saltéelas de 2 a 3 minutos; retírelas del fuego y déjelas enfriar unos instantes. Incorpore la mezcla de queso ricotta y sazone al gusto con la sal, la pimienta recién molida y la nuez moscada.

3 En una olla grande llena de agua hirviendo con sal añada un chorrito de aceite para evitar que se pegue la pasta y cueza los tallarines de 2 a 3 minutos o hasta que estén al dente. Escúrralos bien.

4 Vuelva a verter la pasta en la olla, agregue las espinacas y la salsa de ricotta y caliéntelo todo durante unos instantes. Preséntelo a la mesa repartido en cuatro platos calientes y con un cuenco de queso parmesano recién rallado aparte para sazonar.

Pasta de tomate con hinojo y pimiento

Con su refrescante toque de limón, esta salsa –todo un tributo a los vivos aromas del Mediterráneo–, puede acompañar también tallarines sencillos, frescos o secos, si no dispone de mucho tiempo.

Tiempo de preparación 1 hora
Tiempo de cocción 1 hora 10 minutos
Para 4 personas

PASTA
300 g de harina
1 cucharadita de sal
30 ml de aceite de oliva
3 huevos ligeramente batidos
20 g de concentrado de tomate

450 g de bulbos de hinojo
aceite de oliva para cocinar
1 pimiento rojo
2 dientes de ajo machacados
1 lata de tomate italiano troceado de 400 g
la ralladura de 1/2 limón
un ramillete de tomillo fresco

1 Para preparar la pasta vea las Técnicas del chef de la página 62, añadiendo el concentrado de tomate al huevo. Divida la masa en cuatro antes de pasarla por la máquina de pasta. Cuando la haya pasado por la posición más fina, introduzca las láminas por los cortadores de 6 mm para tallarines (vea Técnicas del chef, página 63). Precaliente el horno a 200°C.

2 Corte las raíces de la parte de arriba del hinojo, luego corte el bulbo por la mitad a lo largo, y en tiras de 2 cm de anchura. Hierva el hinojo de 8 a 10 minutos o hasta que esté tierno al pincharlo con un cuchillo. Después de escurrirlo dispóngalo en un lado de una bandeja de horno engrasada y rocíelo con una cucharada de aceite. Corte los pimientos por la mitad y retire las semillas, píntelos con aceite y dispóngalos, con la piel hacia arriba, en el otro lado de la bandeja. Hornéelos durante 15 minutos o hasta que el hinojo esté dorado, dándole la vuelta una vez durante la cocción. Retire el hinojo, aumente la temperatura del horno a 220°C y ase los pimientos 10 minutos más o hasta que la piel se ennegrezca. Introdúzcalos en una bolsa de plástico para que se vayan enfriando.

3 En una sartén con 2 cucharadas de aceite de oliva caliente saltee el ajo a fuego lento hasta que esté ligeramente dorado, añada los tomates, la ralladura de limón y el tomillo y deje cocer los ingredientes de 20 a 25 minutos o hasta que se espesen. Retire el tomillo y sazone.

4 Corte los bulbos de hinojo en trocitos, pele los pimientos, descarte la pie y córtelos en tiras finas. Incorpore el hinojo y los pimientos a la mezcla de tomate y sazone.

5 En una olla grande llena de agua hirviendo con sal añada un chorrito de aceite para evitar que se pegue la pasta y cueza los tallarines de 2 a 3 minutos o hasta que estén al dente. Escúrralos bien, nápelos con la salsa, remueva y sírvalos.

pasta **43**

Lasaña vegetal

Por su relleno crujiente y su salsa de queso con un leve toque de nuez moscada, esta lasaña sabe deliciosamente diferente. Además, la pasta fresca preparada por uno mismo es más sabrosa y gratificante.

Tiempo de preparación 1 hora + 30 minutos en reposo
Tiempo de cocción 1 hora 30 minutos
Para 6 personas

PASTA
300 g de harina
1 cucharadita de sal
30 ml de aceite de oliva
3 huevos ligeramente batidos

SALSA DE QUESO
25 g de mantequilla
25 g de harina
500 ml de leche
1/4 de cucharadita de nuez moscada molida
75 ml de crema de leche
100 g de queso gruyère rallado

25 g de mantequilla
1 cebolla pequeña picada
4 tomates maduros pelados, sin semillas y picados
1 ramillete de tomillo fresco
1 hoja de laurel
200 g de zanahorias troceadas
250 g de ramilletes de brécol
1/2 coliflor cortada en ramilletes
80 g de queso gruyère rallado

1 Para preparar la pasta, siga el método de las Técnicas del chef de la página 62, dividiendo la masa en cuatro trozos antes de pasarla por la máquina de pasta para cortar con un espesor de 1 a 2 mm. Corte los trozos en tiras de 8 x 15 cm con un cuchillo afilado.

2 En una olla grande llena de agua hirviendo con sal agregue un chorrito de aceite para evitar que se pegue la pasta y cueza la lasaña en tandas de 2 a 3 minutos o hasta que esté al dente. Pásela a un cuenco de agua fría, escúrrala y colóquela entre dos paños.

3 Para preparar la salsa de queso, funda la mantequilla en una sartén, incorpore la harina con una cuchara de madera y cuézala a fuego lento durante 3 minutos, removiendo constantemente. Luego retírela del fuego e incorpore gradualmente la leche fría sin dejar de remover. Mezcle bien los ingredientes, sazone con sal y pimienta y añada la nuez moscada. Vuelva a poner la mezcla al fuego, lleve a ebullición removiendo constantemente y deje cocer a fuego lento durante otros 7 minutos o hasta que se espese. Incorpore la crema de leche y el queso, remueva y, tras retirar la salsa del fuego, cubra la superficie con papel encerado untado con mantequilla.

4 Caliente la mantequilla en una sartén y saltee la cebolla a fuego lento sin dorarla, añada el tomate, el tomillo y la hoja de laurel. Cueza los ingredientes durante 15 minutos o hasta que se espesen, retire la hoja de laurel y el tomillo y sazone con sal y pimienta.

5 En una olla grande con agua hirviendo con sal cueza la zanahoria a fuego lento durante 4 minutos, luego añada el brécol y la coliflor y cuézalas durante 3 minutos. Escurra las hortalizas y refréscalas con agua fría para detener el proceso de cocción. Vuelva a escurrirlas bien y resérvelas.

6 Precaliente el horno 190°C. Mezcle las salsas de tomate y de queso y cuézalas 15 minutos. Transcurrido este tiempo, añada las hortalizas a la salsa y sazone. Unte con mantequilla una fuente resistente al horno de 2 a 25 l de capacidad y alterne capas de pasta y de mezcla de verduras, acabando con la pasta. Finalmente, espolvoree con el queso y gratine durante 35 minutos.

Pasta de zanahoria con pimiento, guisantes y parmesano

La combinación de pasta de zanahoria envuelta en una ligera salsa de zanahoria con hortalizas, aceitunas negras, albahaca y el aderezo del parmesano hacen que este plato de salsa sea original y excelente.

Tiempo de preparación 1 hora
Tiempo de cocción 30 minutos
Para 4 personas

PASTA DE ZANAHORIA
400 g de zanahorias troceadas
250 g de harina
1 cucharadita de sal
15 ml de aceite de oliva
4 yemas de huevo ligeramente batidas

1 pimiento rojo grande
120 g de guisantes
100 g de mantequilla congelada y cortada en daditos
una pizca de nuez moscada molida
15 g de hojas de albahaca fresca desmenuzada
30 g de aceitunas negras pequeñas deshuesadas y partidas
100 g de queso parmesano recién rallado

1   Ponga la zanahoria y 200 ml de agua en un robot de cocina y píquela hasta que quede una pasta sin grumos y espesa. Mientras, pase una cuarta parte de este zumo a un cazo pequeño, reservando el resto, y cuézalo a fuego medio hasta que se reduzca a unos 80 ml de puré espeso. Retírelo y resérvelo.

2   Para preparar la pasta siga el método de las Técnicas del chef en la página 62, añadiendo el puré de zanahoria al huevo. Divida entonces la masa en cuatro antes de pasarla por la máquina de pasta. Cuando haya pasado la pasta por la posición más fina, introduzca las láminas por los cortadores de 6 mm para hacer tallarines (vea Técnicas del chef, página 63)

3   En una parrilla precalentada ase los pimientos previamente untados con aceite hasta que la piel se ennegrezca y se desprenda. Ponga los pimientos en una bolsa de plástico para que se enfríen, pélelos, pártalos por la mitad, retire las semillas y córtelos en tiras de 5 mm; resérvelos y manténgalos calientes.

4   En una olla grande hierva agua con sal, añada un chorrito de aceite para evitar que se pegue la pasta y cueza los tallarines de 2 a 3 minutos o hasta que estén al dente. Escurra bien la pasta, refrésquela con agua fría y escúrrala de nuevo. En una sartén con 5 mm de aceite caliente incorpore la pasta, luego retírela del fuego, tápela y resérvela.

5   Sumerja los guisantes en una cazuela con agua hirviendo con sal; escúrralos y manténgalos calientes. Hierva el zumo de zanahoria reservado, baje el fuego al mínimo, agregue la mantequilla batiendo para formar una salsa espesa y sazónela con nuez moscada, sal y pimienta. Incorpore la pasta para volverla a calentar, añada los guisantes, el pimiento, la albahaca, las aceitunas y la mitad del parmesano. Sirva después de espolvorear con el parmesano restante.

Spaghetti alla diavola

"Diavola" significa demonio en italiano, y se refiere a cualquier plato que se adereza con guindillas y ajo. A veces en la simplicidad está el buen gusto, así que aquí tiene una receta sencillamente picante y sabrosa.

Tiempo de preparación 15 minutos
Tiempo de cocción 15 minutos
Para 4 personas

500 g de espaguetis (pasta seca)
250 ml de aceite de oliva
2 cabezas de ajo peladas y laminadas
1/2 cucharadita de guindillas secas
perejil fresco picado para servir
queso parmesano recién rallado para servir

1 En una olla con agua hirviendo con sal añada un chorrito de aceite para que la pasta no se pegue y cueza los espaguetis siguiendo las instrucciones del fabricante.
2 Mientras hierve la pasta, caliente el aceite en una sartén a fuego medio, añada el ajo y las guindillas y saltéelos de 10 a 15 minutos o hasta que el ajo empiece a dorarse ligeramente. Escurra la pasta e incorpórela a la salsa caliente. Después, sazone al gusto.
3 Espolvoree con el perejil fresco picado y sirva con el parmesano recién rallado al lado.

Nota del chef Utilice las guindillas secas con moderación: algunas resultan más picantes que otras.

Tallarines con salsa de gorgonzola

Si no dispone de gorgonzola puede utilizar cualquier queso azul en su lugar.

Tiempo de preparación 10 minutos
Tiempo de cocción 15 minutos
Para 4–6 personas

500 g de tallarines o linguine (pasta seca)
300 ml de nata líquida a temperatura ambiente
300 g de gorgonzola u otro queso azul similar, cortado en daditos

1 En una olla con agua hirviendo con sal añada un chorrito de aceite para que la pasta no se pegue y cueza los linguine siguiendo las instrucciones del fabricante.
2 Mientras hierve la pasta, lleve la nata líquida a ebullición en un cazo de fondo pesado, retírela del fuego y añada el queso sin dejar de batir hasta que desaparezcan los grumos. Cuélela en un colador fino.
3 Escurra la pasta, mézclela con la salsa y sirva inmediatamente.

Spaghetti alla diavola (arriba)
y Tallarines con salsa de gorgonzola

Ziti Amatriciana

Los ziti son tubos largos y finos. Si no los encuentra, prepare esta receta con macarrones.

Tiempo de preparación 15 minutos
Tiempo de cocción 50 minutos
Para 4–6 personas

2 cucharadas de aceite de oliva
400 g de panceta o bacon cortado en lonchas de 5 mm de grosor
1 cebolla cortada en rodajas finas
2 ó 3 guindillas cortadas finas o 1/2 cucharadita de guindillas secas
2 latas de tomates italianos picados de 425 g cada una ó 175 kg de tomates frescos pelados y troceados
500 g de ziti (pasta seca) o macarrones
queso parmesano recién rallado para servir

1 Caliente la mitad del aceite en una sartén de fondo pesado y sofría ligeramente el bacon durante 5 minutos. Escurra sobre servilletas de papel y reserve. Agregue la cebolla y saltéela durante unos 3 minutos hasta que se dore. A continuación añada la guindilla y cuézala durante 2 minutos. Después de incorporar el bacon y el tomate, tape la sartén y deje cocer 20 minutos a fuego medio; luego destápela y deje hervir de 10 a 15 minutos o hasta que la salsa se espese.

2 En una olla grande llena de agua hirviendo con sal, vierta un chorrito de aceite para evitar que se pegue la pasta y cueza los ziti siguiendo las instrucciones del fabricante.

3 Escurra la pasta y sírvala con la salsa y el parmesano recién rallado.

Nota del chef El grado de picante depende de la cantidad de guindillas que utilice. Recuerde que la parte de las semillas y las membranas es la más picante, por lo tanto tenga cuidado al manipular las guindillas y evite acercarse los dedos a la cara.

pasta **51**

Ravioli con crema de ajo y romero

Al abrir los ravioli se descubre la colorida mezcla de hortalizas escondida tras el fino envoltorio de pasta. Por su textura y aroma, esta deliciosa salsa de ajo complementa a la perfección el relleno de hortalizas.

Tiempo de preparación 1 hora 10 minutos
Tiempo de cocción 1 hora 30 minutos
Para 4 personas

PASTA
200 g de harina
una pizca de sal
20 ml de aceite de oliva
2 huevos ligeramente batidos

RELLENO DE HORTALIZAS
20 g de mantequilla
1 chalote muy picado
100 g de champiñones muy picados
el zumo de 1/4 de limón
1/2 zanahoria troceada fina
1 calabacín pequeño sin el centro esponjoso, troceado fino
2 cucharadas de nata líquida

SALSA
500 ml de caldo de pollo
8 dientes de ajo pelados
un ramillete de romero fresco cortado en trozos de 3 cm
500 ml de nata líquida

1 huevo ligeramente batido
queso parmesano recién rallado para servir

1 Para preparar la pasta, siga el método de las Técnicas del chef de la página 62, dividiendo la masa en cuatro trozos antes de pasarla por la máquina de pasta. Pase los trozos por la posición más fina para conseguir dos tiras largas.

2 Para preparar el relleno de hortalizas, saltee el chalote 3 minutos en una sartén mediana con la mantequilla derretida a fuego lento. Incorpore los champiñones mezclados con el zumo de limón y una pizca de sal. Remueva constantemente durante 10 minutos o hasta que se haya evaporado todo el agua y, una vez los haya cocido, resérvelos.

3 Hierva la zanahoria en agua con sal durante 2 minutos o hasta que esté tierna, luego refrésquela con agua fría, escúrrala y séquela con servilletas de papel. Una vez haya cocido el calabacín durante 1 minuto en agua hirviendo con sal, refrésquelo, escúrralo y séquelo bien con servilletas de papel. Agregue las hortalizas hervidas a la mezcla de champiñones y vuelva a poner la sartén al fuego; añada la nata líquida. Cueza la mezcla de 5 a 7 minutos a fuego lento o hasta que casi todo el líquido se haya evaporado, a continuación sazone al gusto y resérvela hasta que se enfríe por completo.

4 Para preparar la salsa, hierva el caldo de pollo con el ajo a fuego vivo 20 minutos aproximadamente, o hasta que se haya evaporado casi todo y sólo queden unas cuantas cucharadas. Retírelo entonces del fuego, añada el romero y déjelo hasta que se enfríe. Después de retirar el romero vierta la salsa en un robot de cocina y bátala hasta deshacer los grumos, luego cuélela en un cazo pequeño y añada la nata líquida. Hierva la mezcla y déjela cocer de 35 a 40 minutos o hasta que se haya espesado lo suficiente para revestir el dorso de una cuchara, luego sazónela y manténgala caliente.

5 Marque una de las tiras de pasta con un cortapastas de 4 cm y disponga un poco de relleno en el centro de cada marca. Pinte la pasta alrededor del relleno con el huevo y ponga la segunda lámina de pasta encima. Presione entonces con firmeza alrededor de cada montículo para expulsar el aire y sellar. Corte los ravioli con un cortapasta en cuadrados de 6 a 8 cm, dispóngalos en una sola capa sobre un papel parafinado y guárdelos en el frigorífico hasta que estén listos para usar (vea Técnicas del chef de la página 63).

6 En una olla grande llena de agua hirviendo con sal incorpore un chorrito de aceite para evitar que se pegue la pasta y cueza los ravioli de 2 a 3 minutos, o hasta que estén al dente. Escúrralos y sírvalos con la salsa y el parmesano.

Ñoquis parisinos

Los ñoquis italianos están hechos normalmente con patatas, harina o sémola. En esta receta, no obstante, se forman a partir de una especie de hojaldre que los hace deliciosamente ligeros.

Tiempo de preparación **30 minutos**
Tiempo de cocción **40 minutos**
Para 4 personas como primer plato

MASA DE LOS ÑOQUIS
una pizca de nuez moscada molida
30 g de mantequilla
65 g de harina
2 huevos ligeramente batidos
15 g de queso gruyère rallado

SALSA BESAMEL
15 g de mantequilla
2 cucharadas de harina
250 ml de leche
100 g de jamón picado
50 g de queso gruyère rallado

1 Para preparar la masa de los ñoquis, vierta la nuez moscada, la mantequilla, la sal, la pimienta y 125 ml de agua en un cazo, y lleve a ebullición. Incorpore la harina gradualmente y remuévala con una cuchara de madera hasta obtener una bola que se separe de los lados del cazo. Pase la masa a un cuenco, déjela enfriar y agregue los huevos uno a uno; bátalos bien hasta deshacer todos los grumos. Incorpore entonces el queso y resérvelo.

2 Para preparar la salsa besamel, funda la mantequilla en una sartén a fuego lento y añada la harina; remueva hasta obtener una masa suave y homogénea, y cuézala 3 minutos. Retírela entonces del fuego y déjela enfriar. Mientras, en un cazo hierva la leche e incorpórela, batiendo, a la mezcla ya fría, luego llévela a ebullición a fuego lento, sin dejar de remover para que no se formen grumos. Retírela del fuego, añada el jamón y el queso y sazone con sal y pimienta negra.

3 Precaliente el horno a temperatura baja (160°C). Lleve a ebullición agua con sal y prepare un cuenco grande con agua fría. A continuación, llene una manga pastelera de boquilla normal mediana con la masa y deje caer ésta en el agua hirviendo, cortando trozos de 25 cm de longitud con un cuchillo. Una vez los ñoquis floten en la superficie, cuézalos 30 segundos justos, y retírelos del fuego. Tras pasarlos por el agua fría, escúrralos y dispóngalos sobre un paño limpio.

4 Unte una fuente para horno con mantequilla y espolvoréela con sal y pimienta negra recién molida. Vierta una cuarta parte de la salsa de besamel, luego disponga los ñoquis en capas, revistiendo cada capa con un poco de salsa, y acabando con una capa de salsa. Hornee durante 10 minutos, luego aumente la temperatura hasta unos 200°C, y gratine los ñoquis hasta que la parte superior esté bien dorada.

Tallarines de hierbas con champiñones y aceite de oliva

A pesar de que esta receta requiere tallarines de hierbas se puede preparar, si no se dispone de mucho tiempo, con tallarines frescos sencillos o bien con tallarines de espinacas comprados. Sírvalos con una ensalada verde.

Tiempo de preparación 30 minutos
Tiempo de cocción 15 minutos
Para 6 personas

TALLARINES DE HIERBAS
300 g de harina
1 cucharadita de sal
30 ml de aceite de oliva
3 huevos ligeramente batidos
2 cucharadas de hierbas frescas muy picadas, como por ejemplo estragón, perejil u hojas de albahaca

20 g de mantequilla
3 chalotes picados
400 g de champiñones (solos o con setas) laminados
1 cucharada de jerez o Marsala
100 ml de aceite de oliva
5 tomates grandes pelados, sin semillas y troceados
30 g de hierbas frescas variadas picadas
2 cucharadas de hojas de albahaca desmenuzadas o picadas
orégano para adornar
virutas de queso parmesano para servir

1 Para preparar la pasta, siga el método de las Técnicas del chef de la página 62, añadiendo las hierbas frescas picadas al huevo batido. Divida entonces la masa en cuatro antes de introducirla en la máquina de pasta. Cuando haya pasado la pasta por la posición más fina, introduzca las láminas por los cortadores de 6 mm para hacer tallarines (vea Técnicas del chef, página 63).

2 Caliente la mantequilla en una sartén y saltee los chalotes a fuego medio hasta que estén tiernos pero no dorados, luego aumente el fuego e incorpore los champiñones, friéndolos hasta que empiecen a adquirir color, de 2 a 3 minutos. Añada después el jerez o el Marsala y cuézalo 30 segundos; luego sazone y resérvelo.

3 Mientras, en una olla grande llena de agua hirviendo con sal incorpore un chorrito de aceite para evitar que se pegue la pasta y cueza los tallarines de 2 a 3 minutos o hasta que estén al dente. Escúrralos bien y resérvelos.

4 Caliente aceite de oliva en una cazuela grande e incorpore la mezcla de champiñones, los tallarines de hierbas, los tomates y las hierbas. Caliente los ingredientes a fuego medio y sazónelos generosamente con sal y pimienta negra recién molida. Adorne el plato con las hojas de albahaca o el orégano picado, remátelo con virutas de queso parmesano y sírvalo inmediatamente.

Lasaña de marisco

Las capas de pasta casera, pescado fresco y marisco junto con la salsa y la mozzarella hacen de éste un plato memorable. Naturalmente, puede usar láminas de lasaña envasadas si no dispone de mucho tiempo.

Tiempo de preparación 1 hora 35 minutos
Tiempo de cocción 1 hora 20 minutos
Para 12 personas

PASTA
300 g de harina
1 cucharadita de sal
30 ml de aceite de oliva
3 huevos ligeramente batidos

4 chalotes muy picados
350 ml de vino blanco seco
2 ramilletes de tomillo fresco
1 hoja de laurel
1 kg de mejillones frescos con las valvas rascadas y limpias
600 g de vieiras sin el nervio negro
600 g de rape cortado en filetes y en daditos
600 g de langostinos hervidos, pelados y secos
500 g de mozzarella cortada en lonchas finas

SALSA
60 g de mantequilla
100 g de harina
600 ml de crema de leche
500 g de queso ricotta

1 Para preparar la pasta, siga el método de las Técnicas del chef de la página 62. Divida la masa en cuatro trozos antes de pasarla por la máquina de pasta para conseguir un espesor de 1 a 2 mm. Corte los trozos en rectángulos de 10 x 12 cm.
2 En una olla llena de agua hirviendo con sal agregue un chorrito de aceite para evitar que se pegue la pasta y cueza la lasaña en tandas de 2 a 3 minutos o hasta que esté al dente. Pásela a un cuenco con agua fría, escúrrala y extiéndala entre dos paños.

3 En una cazuela grande lleve a ebullición el vino blanco y agregue los chalotes, el tomillo, la hoja de laurel y los mejillones; déjelos hervir 5 minutos. Retírelos entonces con una espumadera, descartando los que no estén abiertos y las valvas, y séquelos con servilletas de papel. A continuación, hierva las vieiras 3 minutos y séquelas también con servilletas de papel. Cuele el líquido de cocer el marisco en un colador revestido de dos capas de muselina húmeda. Enjuague la cazuela y vuelva a verter dentro el líquido, hiérvalo a fuego lento e incorpore el rape. Una vez haya hervido de 3 a 5 minutos, escúrralo y séquelo con servilletas de papel. Mida 500 ml del líquido de cocción y vuelva a verterlo en la cazuela, cuézalo 10 minutos, retire la espuma de la superficie y reserve aparte para que se enfríe.
4 Para preparar la salsa, derrita la mantequilla en una cacerola pequeña, incorpore la harina y cuézala durante 2 minutos sin que se tueste. Retírela del fuego y vaya añadiendo el líquido de cocer el marisco, removiendo constantemente. Vuelva a ponerla al fuego, llévela a ebullición y déjela hervir 3 minutos, sin dejar de remover. Tras añadir la crema de leche, déjela hervir 5 minutos más y sazónela.
5 Precaliente el horno a temperatura media (180°C). Mezcle todo el marisco, el pescado y la salsa en un cuenco, y el queso ricotta y 250 ml de la salsa en otro.
6 Unte una fuente para horno de 35 x 25 cm con mantequilla y revista el fondo con un poco de salsa, cubra con una capa de pasta y después con un tercio de la mezcla de marisco. Extienda una tercera parte de la mezcla de ricotta sobre el marisco, dejándola lo más uniforme posible, y cúbralo todo con una capa de mozzarella. Finalmente, vierta a cucharadas unos 125 ml de la salsa y espolvoree con sal y pimienta. Repita la operación dos veces más, reservando algo de salsa para la parte de arriba. Cubra con una capa final de pasta y con la salsa restante. Utilice la mozzarella sobrante para cubrir por encima y gratínela durante 25 minutos o hasta que el queso se haya fundido. Deje enfriar la lasaña unos 5 minutos antes de cortarla en porciones.

Espaguetis a la Puttanesca

Una picante combinación de ajo, tomates, alcaparras, aceitunas y anchoas es la base de esta popular salsa italiana.

Tiempo de preparación 35 minutos
Tiempo de cocción 50 minutos
Para 4 personas

3 cucharadas de aceite de oliva
4 dientes de ajo picados
800 g de tomates pelados, sin semillas y picados
de 1/4 a 1/2 cucharadita de guindillas secas
2 cucharadas de alcaparras escurridas
125 g de aceitunas negras deshuesadas
200 ml de caldo de pollo o agua
1 lata de 30–40 g de filetes de anchoa, escurridos y troceados
2 cucharadas de albahaca fresca picada
2 cucharadas de perejil fresco picado
500 g de espaguetis (pasta seca)

1 Caliente el aceite en una cacerola y saltee el ajo a fuego lento durante 1 minuto sin dejar que se dore. Agregue entonces el tomate, las guindillas, las alcaparras, las aceitunas y el caldo. Lleve a ebullición, tape y deje cocer a fuego medio durante 20 minutos. Destape y siga cociendo otros 25 minutos, entonces incorpore las anchoas, la albahaca y el perejil.

2 En una olla llena de agua hirviendo con sal agregue un chorrito de aceite para evitar que se pegue la pasta y cueza los espaguetis siguiendo las instrucciones del fabricante, luego escúrralos y mézclelos con la salsa caliente antes de servir.

Pasta a la siciliana

El atún y las sardinas son el pescado más común en Sicilia, de ahí el nombre de esta pasta de atún.

Tiempo de preparación 30 minutos
Tiempo de cocción 50 minutos
Para 6 personas

120 ml de aceite de oliva
2 cebollas pequeñas muy picadas
700 g de tomates, pelados, sin semillas y picadas
3 dientes de ajo machacados
bouquet garni (vea Nota del chef)
80 g de aceitunas negras deshuesadas y picadas
200 g de champiñones laminados
500 g de atún fresco cortado en daditos de 1 cm
500 g de papardelle (tallarines muy anchos)
2 cucharadas de perejil fresco picado
2 cucharadas de queso parmesano recién rallado

1 Caliente la tercera parte del aceite en una sartén de fondo pesado y saltee la cebolla hasta que quede transparente. Añada el tomate, el ajo y el bouquet garni, deje cocer a fuego lento de 30 a 35 minutos e incorpore las aceitunas negras hacia el final de la cocción. En otra sartén saltee los champiñones en una tercera parte del aceite, sazónelos y páselos a un colador para que escurran el aceite.

2 En una sartén con aceite caliente sofría el atún ligeramente sazonado a fuego rápido.

3 Hierva agua con sal y un chorrito de aceite y cueza los papardelle siguiendo las instrucciones del fabricante, escúrralos y páselos a un cuenco grande. Mézclelos con la salsa de tomate, el atún y los champiñones, espolvoréelos con el perejil y el parmesano y sírvalos inmediatamente.

Nota del chef Para preparar el bouquet garni, envuelva con la parte verde de un puerro una hoja de laurel, un ramillete de tomillo, algunas hojas de apio y unos cuantos tallos de perejil. Ate todas las hierbas con un cordel, dejando un cabo bastante largo para poder retirar el bouquet con facilidad.

Técnicas del chef

◆

Preparar la pasta fresca

Vea cada receta para saber qué cantidad de harina, sal, aceite de oliva y huevos hace falta para preparar la pasta; la pasta fresca debe utilizarse el mismo día en que se prepara.

Ponga la harina, la sal, el aceite de oliva y el huevo en un robot de cocina y bata los ingredientes en series cortas hasta que se formen migas.

Doble la lámina en tres y pásela por la posición más ancha de la máquina. Repita esta operación diez veces, enharinando ligeramente la masa y la máquina para evitar que se pegue.

Presione ligeramente la mezcla entre el índice y el pulgar para ver si está firme y suave. De lo contrario, siga batiéndola un poco más.

Sin doblar, siga pasando la masa por posiciones cada vez más estrechas, hasta pasarla por la más fina. Repita la operación con las restantes porciones de pasta.

Vuelque la masa sobre una superficie enharinada y trabájela unos 2 minutos hasta ablandarla. Envuélvala en film transparente y refrigérela 20 minutos. Asegúrese de que la máquina está fija y estable.

Divida la pasta en dos o cuatro trozos. Tápela y trabaje con un trozo cada vez. Aplaste la masa para conseguir una forma de rectángulo y pásela por la posición más ancha de la máquina ligeramente enharinada.

Preparar pasta fresca a mano

Este es el método tradicional de preparar pasta sin máquina.

Espolvoree una superficie de trabajo con harina y sal. Practique un hueco grande en el centro con la mano y añada los huevos o las yemas de huevo, y el aceite de oliva.

Mezcle gradualmente con los dedos la harina y los ingredientes líquidos.

Siga llevando la harina hacia el centro, formando una masa. Trabájela durante 10 minutos o hasta que esté homogénea y elástica. Divídala en trozos tal como se especifica en la receta y cúbrala con film transparente.

Extender la pasta a mano

Trabaje sobre una superficie grande y enharinada para poder extender la masa y conseguir una lámina grande.

Extienda la masa hasta dejarla lo más fina posible, dóblela por la mitad y extiéndala de nuevo, enrollando un extremo en el rodillo y estirándolo. Extienda y doble la masa diez veces, hasta conseguir el espesor requerido.

Preparar ravioli

Los ravioli crudos se pueden poner en el frigorífico o congelar en capas entre hojas de papel parafinado.

Con un poco de huevo o agua pinte ligeramente la pasta alrededor de cada montículo de relleno.

Coloque la segunda lámina de pasta encima y apriete alrededor de cada montículo para expulsar el aire y sellar la pasta. Corte cada ravioli con un cortador de galletas o una ruedecilla cortapastas.

Puede usar el cortador de ravioli de la máquina. Ponga dos láminas de pasta en la máquina y dos porciones de relleno en los huecos, gire la manivela de la máquina para cortar.

Preparar tallarines

Los tallarines se pueden secar sobre un paño colgando del respaldo de una silla durante 1 ó 2 horas.

Pase la lámina de pasta por la máquina de pasta enharinada en la posición para tallarines, o extienda la lámina y córtela a tiras con un cuchillo. Cuézala inmediatamente o déjala secar en una única capa.

Editado por Murdoch Books® de Murdoch Magazines Pty Limited, 45 Jones Street, Ultimo NSW 2007.

© Diseño y fotografía de Murdoch Books® 1998
© Texto de Le Cordon Bleu 1998

Editora gerente: Kay Halsey
Idea, diseño y dirección artística de la serie: Juliet Cohen

Todos los derechos reservados. Ninguna parte de esta publicación puede ser reproducida, almacenada o transmitida de ninguna forma ni por ningún medio, sea éste electrónico, mecánico, por fotocopia, grabación o cualquier otro, sin la previa autorización escrita por parte de la editorial. Murdoch Books® es una marca comercial de Murdoch Magazines Pty Ltd.

Murdoch Books y Le Cordon Bleu quieren expresar su agradecimiento a los 32 chefs expertos de todas las escuelas Le Cordon Bleu, cuyos conocimientos y experiencia han hecho posible la realización de este libro, y muy especialmente a los chefs Cliche (Meilleur Ouvrier de France), Terrien, Boucheret, Duchêne (MOF), Guillut y Steneck, de París; Males, Walsh y Hardy, de Londres; Chantefort, Bertin, Jambert y Honda, de Tokio; Salembien, Boutin, y Harris, de Sydney; Lawes de Adelaida y Guiet y Denis de Ottawa.
Nuestra gratitud a todos los estudiantes que colaboraron con los chefs en la elaboración de las recetas, y en especial a los graduados David Welch y Allen Wertheim.
La editorial también quiere expresar el reconocimiento más sincero a la labor de las directoras Susan Eckstein, de Gran Bretaña y Kathy Shaw, de París, responsables de la coordinación del equipo Le Cordon Bleu a lo largo de esta serie.

Título original: *Pasta*

© 1998 de la edición española:
Könemann Verlagsgesellschaft mbH
Bonner Straße 126, D-50968 Köln
Traducción del inglés: Laura Revuelta Godoy
para LocTeam, S.L., Barcelona
Redacción y maquetación: LocTeam, S.L., Barcelona
Impresión y encuadernación: Sing Cheong Printing Co., Ltd.
Printed in Hong Kong, China

ISBN 3-8290-0647-0

10 9 8 7 6 5 4 3

La editorial y Le Cordon Bleu agradecen a Carole Sweetnam su colaboración en esta serie, a Home & Garden on the Mall, House y a The Pacific East Company su ayuda con la fotografía.
Portada: Ravioli de calabaza con mantequilla de albahaca

INFORMACIÓN IMPORTANTE

GUÍA DE CONVERSIONES

1 taza = 250 ml
1 cucharada = 20 ml (4 cucharaditas)

NOTA: Hemos utilizado cucharas de 20 ml. Si utiliza cucharas de 15 ml, las diferencias en las recetas serán prácticamente inapreciables. En aquéllas en las que se utilice levadura en polvo, gelatina, bicarbonato de sosa y harina, añada una cucharadita más por cada cucharada indicada.

IMPORTANTE: Aquellas personas para las que los efectos de una intoxicación por salmonela supondrían un riesgo serio (personas mayores, mujeres embarazadas, niños y pacientes con enfermedades de inmunodeficiencia) deberían consultar con su médico los riesgos derivados de ingerir huevos crudos.